# Frühlingsgedichte

Christiane

# Frühlingsgedichte

Ausgewählt von
Evelyne Polt-Heinzl und
Christine Schmidjell

Reclam

2007, 2019 Philipp Reclam jun. GmbH & Co. KG,
Siemensstraße 32, 71254 Ditzingen
Einbandgestaltung: zero-media.net
Druck und buchbinderische Verarbeitung: CPI books GmbH,
Birkstraße 10, 25917 Leck
Printed in Germany 2019
RECLAM ist eine eingetragene Marke
der Philipp Reclam jun. GmbH & Co. KG, Stuttgart
ISBN 978-3-15-011028-7
www.reclam.de

# Inhalt

## Wonnemonat Mai

EUGEN GOMRINGER

## es – immer wieder gelingt es

**frühling**
**immer wieder gelingt es**
**immer wieder dringt es**
**immer wieder treibt es**
**immer wieder lockt es**
**immer wieder berührt es**
**immer wieder verführt es**
**immer wieder schreibt es**

sommer
immer wieder stockt es
immer wieder schaut es
immer wieder traut es
immer wieder greift es
immer wieder füllt es

herbst
immer wieder reift es
immer wieder hüllt es
immer wieder reicht es

winter
immer wieder gleicht es

**frühling**
**immer wieder gelingt es**

# Frühlingsboten

## Im Anfang

(Weltscherzo)

Hing an einer goldenen Lenzwolke,
Als die Welt noch Kind war,
Und Gott noch junger Vater war.
   Schaukelte, hei!
   Auf dem Ätherei,
   Und meine Wollhärchen flitterten ringelrei.
Neckte den wackelnden Mondgroßpapa,
Naschte Goldstaub der Sonnenmama,
In den Himmel sperrte ich Satan ein
Und Gott in die rauchende Hölle ein.
Die drohten mit ihrem größten Finger
Und haben »klumbumm! klumbumm!« gemacht
Und es sausten die Peitschenwinde!
Doch Gott hat nachher zwei Donner gelacht
Mit dem Teufel über meine Todsünde.
Würde 10 000 Erdglück geben,
Noch einmal so gottgeboren zu leben,
So gottgeborgen, so offenbar.
   Ja! Ja!
Als ich noch Gottes Schlingel war!

## Vorfrühling

In dieser Märznacht trat ich spät aus meinem Haus.
Die Straßen waren aufgewühlt von Lenzgeruch und
grünem Saatregen.
Winde schlugen an. Durch die verstörte
Häusersenkung ging ich weit hinaus
Bis zu dem unbedeckten Wall und spürte: meinem
Herzen schwoll ein neuer Takt entgegen.

In jedem Lufthauch war ein junges Werden ausgespannt
Ich lauschte, wie die starken Wirbel mir im Blute rollten.
Schon dehnte sich bereitet Acker. In den Horizonten
eingebrannt
War schon die Bläue hoher Morgenstunden, die ins
Weite führen sollten.

Die Schleusen knirschten. Abenteuer brach aus allen
Fernen.
Überm Kanal, den junge Ausfahrtwinde wellten,
wuchsen helle Bahnen,
In deren Licht ich trieb. Schicksal stand wartend in
umwehten Sternen.
In meinem Herzen lag ein Stürmen wie von
aufgerollten Fahnen.

## Vorfrühling

Es läuft der Frühlingswind
Durch kahle Alleen,
Seltsame Dinge sind
In seinem Wehn.

Er hat sich gewiegt,
Wo Weinen war,
Und hat sich geschmiegt
In zerrüttetes Haar.

Er schüttelte nieder
Akazienblüten
Und kühlte die Glieder,
Die atmend glühten.

Lippen im Lachen
Hat er berührt,
Die weichen und wachen
Fluren durchspürt.

Er glitt durch die Flöte
Als schluchzender Schrei,
An dämmernder Röte
Flog er vorbei.

Er flog mit Schweigen
Durch flüsternde Zimmer
Und löschte im Neigen
Der Ampel Schimmer.

Es läuft der Frühlingswind
Durch kahle Alleen,
Seltsame Dinge sind
In seinem Wehn.

Durch die glatten
Kahlen Alleen
Treibt sein Wehn
Blasse Schatten.

Und den Duft,
Den er gebracht,
Von wo er gekommen
Seit gestern nacht.

## Frühling

Sonne. Und noch ein bißchen aufgetauter Schnee
und Wasser, das von allen Dächern tropft,
und dann ein bloßer Absatz, welcher klopft,
und Straßen, die in nasser Glattheit glänzen,
und Gräser, welche hinter hohen Fenzen
dastehen, wie ein halbverscheuchtes Reh …

Himmel. Und milder, warmer Regen, welcher fällt,
und dann ein Hund, der sinn- und grundlos bellt,
ein Mantel, welcher offen weht,
ein dünnes Kleid, das wie ein Lachen steht,
in einer Kinderhand ein bißchen nasser Schnee
und in den Augen Warten auf den ersten Klee …

Frühling. Die Bäume sind erst jetzt ganz kahl
und jeder Strauch ist wie ein weicher Schall
als erste Nachricht von dem neuen Glück.
Und morgen kehren Schwalben auch zurück.

## März. Brief nach Meran

Blüht nicht zu früh, ach blüht erst, wenn ich komme,
dann sprüht erst euer Meer und euren Schaum,
Mandeln, Forsythien, unzerspaltene Sonne –
dem Tal den Schimmer und dem Ich den Traum.

Ich, kaum verzweigt, im Tiefen unverbunden,
Ich, ohne Wesen, doch auch ohne Schein,
meistens im Überfall von Trauerstunden,
es hat schon seinen Namen überwunden,
nur manchmal fällt er ihm noch flüchtig ein.

So hin und her – ach blüht erst, wenn ich komme,
ich suche so und finde keinen Rat,
daß einmal noch das Reich, das Glück, das fromme,
der abgeschlossenen Erfüllung naht.

## Märzsonne

Trunken von früher Glut
Taumelt ein gelber Falter.
Sitzend am Fenster ruht
Schläfrig gebückt ein Alter.

Singend durchs Frühlingslaub
Ist er einst ausgezogen.
So vieler Straßen Staub
Hat sein Haar überflogen.

Zwar der blühende Baum
Und die Falter die gelben
Scheinen gealtert kaum,
Scheinen heut noch dieselben.

Doch es sind Farbe und Duft
Dünner geworden und leerer,
Kühler das Licht und die Luft
Strenger zu atmen und schwerer.

Frühling summt bienenleis
Seine Gesänge, die holden.
Himmel schwingt blau und weiß,
Falter entflattert golden.

## Märztag

Wolkenschatten fliehen über Felder,
Blau umdunstet stehen ferne Wälder.

Kraniche, die hoch die Luft durchpflügen,
Kommen schreiend an in Wanderzügen.

Lerchen steigen schon in lauten Schwärmen,
Überall ein erstes Frühlingslärmen.

Lustig flattern, Mädchen, deine Bänder,
Kurzes Glück träumt durch die weiten Länder.

Kurzes Glück schwamm mit den Wolkenmassen,
Wollt' es halten, mußt' es schwimmen lassen.

## Wenns Frühling wird

Die ersten Keime sind, die zarten,
im goldnen Schimmer aufgesprossen;
schon sind die ersten der Karossen
im Baumgarten.

Die Wandervögel wieder scharten
zusamm sich an der alten Stelle,
und bald stimmt ein auch die Kapelle
im Baumgarten.

Der Lenzwind plauscht in neuen Arten
die alten, wundersamen Märchen,
und draußen träumt das erste Pärchen
im Baumgarten.

# Frühling 1966

In memoriam Novalis

Vogelfüße
setzen Hieroglyphen
in den Staub der Straße.

Am Ufer der Saale
die uralten Worte
in den Zweigen
der Pappeln.

In Weißenfels drüben
der Freund,
Blütenstaub
an den Fingern.

## kirschgarten im schnee

i

was einst baum war, stock, hecke, zaun:
unter gehn in der leeren schneeluft
diese winzigen spuren von tusche
wie ein wort auf der seite riesigem weiß:
weiß zeichnet dies geringfügig schöne geäst
in den weißen himmel sich, zartfingrig,
fast ohne andenken, fast nur noch frost,
kaum mehr zeitheimisch, kaum noch
oben und unten, unsichtig
die linie zwischen himmel und hügel,
sehr wenig weiß im weißen:
fast nichts –

ii

und doch ist da,
eh die seite, der ort, die minute
ganz weiß wird,
noch dies getümmel geringer farben
im kaum mehr deutlichen deutlich:
eine streitschar erbitterter tüpfel:
zink-, blei-, kreideweiß,
gips, milch, schlohweiß und schimmel:

jedes von jedem distinkt:
so vielstimmig, so genau
in hellen gesprenkelten haufen,
der todesjubel der spuren.

iii

zwischen fast nichts und nichts
wehrt sich und blüht weiß die kirsche.

# Bergfrühling

In den Körben blau den Rauch der Fernen,
Gold der Tiefen unterm Tuch, dem härnen,
kommst du wieder mit gelösten Haaren
von den Bergen, wo wir Feinde waren.

Deinen Brauen, deinen heißen Wangen,
deinen Schultern mit Gewölk behangen,
bieten meine herbstlichen Gemächer
große Spiegel und verschwiegne Fächer.

Aber oben bei den Wasserschnellen,
über Primeln, du, und Soldanellen,
ist wie hier dein Kleid mit goldnen Schnallen
weiß ein Schnee, ein schmerzlicher, gefallen.

## Osterspaziergang

Vom Eise befreit sind Strom und Bäche
Durch des Frühlings holden, belebenden Blick;
Im Tale grünet Hoffnungs-Glück;
Der alte Winter, in seiner Schwäche,
Zog sich in rauhe Berge zurück.
Von dorther sendet er, fliehend, nur
Ohnmächtige Schauer körnigen Eises
In Streifen über die grünende Flur;
Aber die Sonne duldet kein Weißes,
Überall regt sich Bildung und Streben,
Alles will sie mit Farben beleben;
Doch an Blumen fehlt's im Revier,
Sie nimmt geputzte Menschen dafür.
Kehre dich um, von diesen Höhen
Nach der Stadt zurück zu sehen.
Aus dem hohlen finstern Tor
Dringt ein buntes Gewimmel hervor.
Jeder sonnt sich heute so gern.
Sie feiern die Auferstehung des Herrn,
Denn sie sind selber auferstanden,
Aus niedriger Häuser dumpfen Gemächern,
Aus Handwerks- und Gewerbes-Banden,
Aus dem Druck von Giebeln und Dächern,

Aus der Straßen quetschender Enge,
Aus der Kirchen ehrwürdiger Nacht
Sind sie alle an's Licht gebracht.
Sieh nur sieh! wie behend sich die Menge
Durch die Gärten und Felder zerschlägt,
Wie der Fluß, in Breit' und Länge,
So manchen lustigen Nachen bewegt,
Und, bis zum Sinken überladen,
Entfernt sich dieser letzte Kahn.
Selbst von des Berges fernen Pfaden
Blinken uns farbige Kleider an.
Ich höre schon des Dorfs Getümmel,
Hier ist des Volkes wahrer Himmel,
Zufrieden jauchzet groß und klein:
Hier bin ich Mensch, hier darf ich's sein.

## Das Lied im Grünen

Ins Grüne, ins Grüne, da lockt uns der Frühling,
Der liebliche Knabe,
Und führt uns am blumenumwundenen Stabe
Hinaus, wo die Lerchen und Amseln so wach,
In Wälder, auf Felder, auf Hügel zum Bach,
Ins Grüne, ins Grüne.

Im Grünen, im Grünen, da lebt es sich wonnig,
Da wandeln wir gerne
Und heften die Augen dahin schon von ferne,
Und wie wir so wandeln mit heiterer Brust,
Umwallet uns immer die kindliche Lust,
Im Grünen, im Grünen.

Im Grünen, im Grünen, da ruht man so wohl,
Empfindet so Schönes,
Und denket behaglich an dieses und jenes,
Und zaubert von hinnen, ach, was uns bedrückt,
Und alles herbei, was den Busen entzückt
Im Grünen, im Grünen.

Im Grünen, im Grünen, da werden die Sterne
So klar, die die Weisen
Der Vorwelt zur Leitung des Lebens uns preisen,
Da streichen die Wölkchen so zart uns dahin,
Da heitern die Herzen, da klärt sich der Sinn
Im Grünen, im Grünen.

Im Grünen, im Grünen, da wurde manch Plänchen
Auf Flügeln getragen,
Die Zukunft der grämlichen Ansicht entschlagen,
Da stärkt sich das Auge, da labt sich der Blick,
Sanft wiegen die Wünsche sich hin und zurück
Im Grünen, im Grünen.

Im Grünen, im Grünen am Morgen, am Abend
In traulicher Stille
Entkeimet manch Liedchen und manche Idylle
Und Hymen oft kränzt den poetischen Scherz,
Denn leicht ist die Lockung, empfänglich das Herz
Im Grünen, im Grünen.

O gerne im Grünen bin ich schon als Knabe
Und Jüngling gewesen
Und habe gelernt und geschrieben, gelesen
Im Horaz und Plato, dann Wieland und Kant,
Und glühenden Herzens mich selig genannt,
Im Grünen, im Grünen.

Ins Grüne, ins Grüne laßt heiter uns folgen
Dem freundlichen Knaben.
Grünt einst uns das Leben nicht fürder,
So haben wir klüglich die grünende Zeit nicht versäumt,
Und wenn es gegolten, doch glücklich geträumt,
Im Grünen, im Grünen.

# Frühling

Die warme Luft, der Sonnenstrahl
Erquickt mein Herz, erfüllt das Tal.
O Gott! wie deine Schritte tönen!
In tiefer Lust die Wälder stöhnen;
Die hochgeschwellten Bäche fallen
Durch Blumen hin mit trunknem Lallen;
Sein bräutlich Lied der Vogel singt,
Die Knosp in Wonne still zerspringt;
Und drüber goldner Wolken Flug:
Die Liebe ist in vollem Zug.
An jeder Stelle möcht ich liegen,
Mit jedem Vogel möcht ich fliegen,
Ich möchte fort und möchte bleiben,
Es fesselt mich und will mich treiben.
O Lenz, du holder Widerspruch:
Ersehnte Ruh und Friedensbruch,
So heimatlich und ruhebringend,
So fremd, in alle Ferne dringend.
Das Frühlingsleuchten, treu und klar,
Erscheint dem Herzen wunderbar,
Ein stehngebliebner Freudenblitz,
In Gottes Herz ein offner Ritz;
Und wieder im Vorübersprung
Ein Himmel auf der Wanderung;

Ein irrer Geist, der weilend flieht
Und bang das Herz von hinnen zieht.
Ich wandle irr, dem Himmel nach,
Der rauschend auf mich niederbrach;
O Frühling! trunken bin ich dein!
O Frühling! ewig bist du mein!

## Frische Fahrt

Laue Luft kommt blau geflossen,
Frühling, Frühling soll es sein!
Waldwärts Hörnerklang geschossen,
Mutger Augen lichter Schein,
Und das Wirren bunt und bunter
Wird ein magisch wilder Fluß,
In die schöne Welt hinunter
Lockt dich dieses Stromes Gruß.

Und ich mag mich nicht bewahren!
Weit von Euch treibt mich der Wind,
Auf dem Strome will ich fahren,
Von dem Glanze selig blind!
Tausend Stimmen lockend schlagen,
Hoch Aurora flammend weht,
Fahre zu! ich mag nicht fragen,
Wo die Fahrt zu Ende geht!

## Frühlingsglaube

Die linden Lüfte sind erwacht,
Sie säuseln und weben Tag und Nacht,
Sie schaffen an allen Enden.
O frischer Duft, o neuer Klang!
Nun, armes Herze, sei nicht bang!
Nun muß sich alles, alles wenden.

Die Welt wird schöner mit jedem Tag,
Man weiß nicht, was noch werden mag,
Das Blühen will nicht enden.
Es blüht das fernste, tiefste Tal:
Nun, armes Herz, vergiß der Qual!
Nun muß sich alles, alles wenden.

# Er ists

Frühling läßt sein blaues Band
Wieder flattern durch die Lüfte;
Süße, wohlbekannte Düfte
Streifen ahnungsvoll das Land.
Veilchen träumen schon,
Wollen balde kommen.
– Horch, von fern ein leiser Harfenton!
Frühling, ja du bists!
Dich hab ich vernommen!

# Des Lenzens Widerspruch

## Über das Frühjahr

Lange bevor
Wir uns stürzten auf Erdöl, Eisen und Ammoniak
Gab es in jedem Jahr
Die Zeit der unaufhaltsam und heftig grünenden Bäume.
Wir alle erinnern uns
Verlängerter Tage
Helleren Himmels
Änderung der Luft
Des gewiß kommenden Frühjahrs.
Noch lesen wir in Büchern
Von dieser gefeierten Jahreszeit
Und doch sind schon lange
Nicht mehr gesichtet worden über unseren Städten
Die berühmten Schwärme der Vögel.
Am ehesten noch sitzend in Eisenbahnen
Fällt dem Volk das Frühjahr auf.
Die Ebenen zeigen es
In alter Deutlichkeit.
In großer Höhe freilich
Scheinen Stürme zu gehen:
Sie berühren nur mehr
Unsere Antennen.

man sägt
frühling
in unsrer
waldschule

mit wenig
mühsamkeit
ist er reif
zum fall

er kommt
vom baume
wie ein
kuckucksei

wir zeigen
den neuen
frühling
freudig
dem lehrer

da!

ERNST JANDL

## frühlingsbeginn

weißen ich schneen
frier beißen finger
fußen eis rutschen
nasen ich tropf-tropf

## Der März in der Luft des Hochhauses

Von oben gesehen, der Stand der gelben Ereignisse,
Forsythien in den Gärten. Jetzt sind es
die Geräusche der Kinder; zwischen den Wohnblocks,
auf den Flächen der Tiefgarage, so etwas wie
Leben; das ist jetzt neu. Und es ist hell;
wir kommen aus den Büros und sehen
die Sonne noch über den Hügeln, dem Rauch,
den Raffinerien. Glitzernd der Berufsverkehr
auf der Ebene zwischen den Dörfern; kurz rauscht,
wie eine eingeblendete Brandung,
die Köln-Bonner-Eisenbahn auf; ich dachte,
dieser Winter geht weiter; nasse Halden,
Nebel-Plantagen. Der Krieg zwischen uns. Aber
mit den Amseln ist jetzt zu rechnen, und
wie die Äcker grün werden, das ist, mit dem
Wiederentdecken der Farbe, über Reste ein Blick.

## Im Märzen

Im Märzen da reiß ich
den Samt vom Himmel der Sonne
mach ich die Laden dicht ich
hack der Krähe ein Auge

aus Amsel Drossel Fink und Star
dreh ich den Hals um dem Krokus
köpf ich die Knospen ich schmeiß
dir mit Veilchen die Fenster

ein jeder sehe wie
ich's treibe wenn
du nicht sofort
die Rößlein einspannst.

## Sterne im März

Noch ist die Aussaat weit. Auf treten
Vorfelder im Regen und Sterne im März.
In die Formel unfruchtbarer Gedanken
fügt sich das Universum nach dem Beispiel
des Lichts, das nicht an den Schnee rührt.

Unter dem Schnee wird auch Staub sein
und, was nicht zerfiel, des Staubes
spätere Nahrung. O Wind, der anhebt!
Wieder reißen Pflüge das Dunkel auf.
Die Tage wollen länger werden.

An langen Tagen sät man uns ungefragt
in jene krummen und geraden Linien,
und Sterne treten ab. Auf den Feldern
gedeihen oder verderben wir wahllos,
gefügig dem Regen und zuletzt auch dem Licht.

## Der Frühling ein riesiger Specht

Der Frühling
ein riesiger Specht
hat alle Bäume verwundet.
Quellende Schnittflächen leuchten
wo das dunkle Skelett
auf die blaue Wirklichkeit trifft.

Und wie ich hinaufsehe
und du
geliebte Wunde
schmerzt und quillst,
erscheint auf dem Blau

atembestürzend
ein blutroter Fleck
nicht größer als eine Hand
und ich weiß nicht
ist es mein Herz
oder ein Kardinal
der hoch in den Zweigen sitzt
und singt.

## Ein Frühlingsabend

Ein Strauch voll Larven; Abendföhn im März;
Ein toller Hund läuft durch ein ödes Feld
Durchs braune Dorf des Priesters Glocke schellt;
Ein kahler Baum krümmt sich in schwarzem Schmerz.

Im Schatten alter Dächer blutet Mais;
O Süße, die der Spatzen Hunger stillt.
Durch das vergilbte Rohr bricht scheu ein Wild.
O Einsamstehn vor Wassern still und weiß.

Unsäglich ragt des Nußbaums Traumgestalt.
Den Freund erfreut der Knaben bäurisch Spiel.
Verfallene Hütten, abgelebt' Gefühl;
Die Wolken wandern tief und schwarz geballt.

## Im Frühling

Frühling ist da, und es ist nicht mehr Wahn
Allüberall lacht mich das Wunder an!
Frühling ist da! O so lasset uns freun
O kommet und lasset uns fröhlich sein!
Und laßt es uns feiern beim Becherklang
Und laßt uns jubeln bei Liebe und Sang.

... Doch horcht! Im Becherklingen
Da liegt ein fremder Klang
Und horcht, im lieben Singen
Da liegt ein fremder Sang.

Und unten ziehn Soldaten ...
Soldaten ziehn vorbei
Die auch gesungen hatten
Vom Wiedersehn im Mai –

Wie Hohn hör ichs noch klingen
Weiß nicht wie mir geschah:
Vergaß ich Kuß und Singen
Vergaß, daß Frühling da.

## Der wilde April

Weh, der Narr, der wilde April! Aufs neue
Regen, Schnee und wirbelndes Eis und Windstoß
Bringt er. Veilchenäugig dazwischen leuchtet
Himmlische Bläue.

Einen Tag lang tut er wie Sommer. Kinder
Singen, und am Waldrand die Steine glänzen
Goldhell. Aber schmächtigen Glauben höhnend
Krächzt er schnell: Winter!

Unbeständig spielt der Gesell und seine
Laune. Warte! Sei wie ein Kind nicht! Bald sind
Mai und Juni. Wochenlang glühn dann Wälder,
Wiesen und Steine.

## Frühling und Herbst

Fürwahr, der Frühling ist erwacht;
Den holden Liebling zu empfahn,
Hat sich mit frischer Blumenpracht
Die junge Erde angetan.

Die muntern Vögel, lieberwärmt,
Begehn im grünen Hain ihr Fest.
Ein jeder singt, ein jeder schwärmt,
Und bauet emsig sich sein Nest.

Und alles lebt und liebt und singt,
Und preist den Frühling wunderbar,
Den Frühling, der die Freude bringt;
Ich aber bleibe stumm und starr.

Dir, Erde, gönn ich deine Zier,
Euch, Sänger, gönn ich eure Lust,
So gönnet meine Trauer mir,
Den tiefen Schmerz in meiner Brust.

Für mich ist Herbst; der Nebelwind
Durchwühlet kalt mein falbes Laub;
Die Äste mir zerschlagen sind,
Und meine Krone liegt im Staub.

## Vorfrühling

Ihr wunden Wasserflächen,
was rillte euren Lauf?
Ach, in der Tiefe brechen
die alten Schmerzen auf.

Es reißt die Wolkenmütze.
Es tanzt des Lichtes Fall
im Froschmaul einer Pfütze
wie der Prinzessin Ball.

Es klagt aus allen Weiden
ein wilder, junger Glanz –
den Schildbruch mußten leiden
Gawein und Gurnemanz.

Den Bruch der Knospen-Giebel,
den wehen weißen Glanz.
Wer schildete so übel
Gawein und Gurnemanz?

Wer schmiedete vergebens
die wilde Schönheit fest,
den Knospenbruch des Lebens?
Es war der Schmied Hephäst.

Die alten Schmerzen brachen,
die Götter brechen auf:
Im Glanz der Wasserlachen
kommt Braut und Ball herauf.

•

## Frühling

an Lilian

Ich hatte alle Kammern verschlossen und alle Fenster
fest verrammt,
Daß nicht eindringe die Morgendrossel und nicht
der Abend im roten Samt,
Ich habe Qual und Schrei und Verzweiflung und
Schuld und Anklage gehäuft
Und meine Augen so fremd gemacht aus Angst,
daß eine Träne träuft.
Ich hatte mein Herz sechsmal verpackt wie zu
unendlich weiter Reise,
Das Saitenspiel meiner Seele zerhackt, zu hören nicht
die ewige Weise –
Und doch am ersten Morgen schon, und doch beim
ersten Duft Jasmin,
Da brach mein Schmerz, da schluchzt' ich auf und
fiel zu deinen Füßen hin.

## Nennen wir es »Frühlingslied«

In das Dunkel dieser alten, kalten
Tage fällt das erste Sonnenlicht.
Und mein dummes Herz blüht auf, als wüßt es nicht:
Auch der schönste Frühling kann nicht halten,
Was der werdende April verspricht.

Da, die Amseln üben schon im Chor,
Aus der Nacht erwacht die Welt zum Leben,
Pans vergessenen Flötenton im Ohr …
Veilchen tun, als hätt' es nie zuvor
Laue Luft und blauen Duft gegeben.

Die Kastanien zünden feierlich
Ihre weißen Kerzen an. Der Flieder
Bringt die totgesagten Jahre wieder,
Und es ist, als reimten alle Lieder
Sich wie damals auf »Ich liebe dich«.

– Sag mir nicht, das sei nur Schall und Rauch!
Denn wer glaubt, der forscht nicht nach Beweisen.
Willig füg ich mich dem alten Brauch,
Ist der Zug der Zeit auch am Entgleisen –
Und wie einst, in diesem Frühjahr auch
Geht mein wintermüdes Herz auf Reisen.

## Osterballade

»Mimi Ostergeier suchen!«
Lächelnd hört's der stolze Vater,
innig schmunzelnd sieht's die Mutter,
wie ihr Töchterchen, die Marlis,
flehentlich zu ihnen hochschaut:
»Mimi Ostergeier suchen!«

»Marlies, es heißt Ostereier!«
Angestrengt blickt Marlis aufwärts,
doch nicht lange. Sonnig strahlend
beugt sie sich der Elternweisheit,
plappert nach, was sie gehört hat:
»Mimi! Es heiß Ostergeier!«

»Such nur deine Ostergeier!«
Schallend lacht der Vater, während
Mutter auf den nahen Waldrand
deutet, dorthin, wo seit langem
Köstliches sie wohl versteckt weiß:
»Marlis, da sind Ostereier.«

»Ostergeier! Diese Marlis!«
Voller Freude warten beide,
Vater sowie Mutter, auf die
frohen Juchzer ihrer Tochter –
ah! Da kommt auch schon der erste:
»Mimi Ostergeier funden!«

»Mami, Ostergeier böse!«
Voller Schrecken eilen beide,
Mutter sowie Vater, zu dem
Waldrand, draus die Schreie dringen,
inständig und herzzerreißend:
»Ostergeier Mimi fangen!«

»Untier, laß mir meine Marlis!«
Hoch ins Blaue reckt der Vater
noch die Hände, da die Mutter
schon erbleichend ahnt, daß keine
Macht der Welt sie je zurückholt,
Mimi und den Ostergeier.

## Die Eisheiligen

Die Eisheiligen stehen mit steif gefrorenen Bärten,
aus denen der kalte Wind Schneekörner kämmt,
früh plötzlich in den blühenden Frühlingsgärten,
Nachzügler, Troß vom Winter, einsam, fremd.

Eine kurze Weile nur sind sie hilflos, betroffen,
dann stürzt die Meute auf den Blumenpfad.
Sie können nicht, sich lang zu halten, hoffen;
so wüsten sie in sinnlos böser Tat.

Von den Kastanien reißen sie die Kerzen
und trampeln tot der Beete bunten Kranz,
dem zarten, unschuldsvollen Knospenglück bereiten
sie hohnlachend Schmerzen,
zerstampfen junges Grün in geisterhaft verbißnem
Kriegestanz.

Plötzlich mitten in all dem Toben und Rasen
ist ihre Kraft vertan,
und die ersten warmen Winde blasen
aus der Welt den kurzen Wahn.

## Die drei Eisheiligen

Die drei Eisheiligen sind übers Land gezogen
Und haben ihre Winterzähne ausgespuckt,
Die sind als Hagel auf die Saat geflogen,
Jetzt schwimmt der Acker voll mit Frost gesogen,
Mit grauem Schnee die Furchen voll geschluckt.

Es prasseln schlimme Wetter
Aus ihren Augenbraun,
Der Wein hat gelbe Blätter,
Der Weizen liegt zerhaun.

Der Erste, voll Gewittern, sägt
Der jungen Bäume Wuchs zuschand.
Des Zweiten harte Frostnacht schlägt
Die junge Frucht mit Eisesbrand.

Der Dritte kriecht im Nebelschleim
Dicht übern Boden durch den Gau,
Zernagt der Halme Wurzelkeim
Und beißt der Spargeln Köpfe blau.

Viel Mäuse, Raupen, Käfer sind
In ihrer Füße Spur verreckt,
Und liegen kalt im Totenwind,
Die Beine steif empor gestreckt.

Ein Kind hat sie am Himmel fliegen sehn,
Vergaß vor Schreck den Wettersegen,
Jetzt kann es nicht mehr aufrecht gehn,
Und sieht sie nachts im Fenster stehn,
Und magert stumm dem Tod entgegen.

Die drei Eisheiligen sind übers Land gezogen,
Und haben Schwindsucht in der Felder Brust gespuckt.
Jetzt hat sie Gott in seine Riesenwogen
Voll Frost und Wärme gurgelnd eingesogen,
Und tief in seine Gräber heimgeschluckt.

ILSE AICHINGER

## Tagsüber

Ein ruhiger Junitag
bricht mir die Knochen,
verkehrt mich,
schleudert mich ans Tor,
hängt mir die Nägel an,
die mit den Farben
gelb, weiß und silberweiß,
verfehlt mich nicht,
mit keinem,
läßt nur die Narrenmütze fort,
mein Lieblingsstück,
würgt mich
mit seinen frischen Schlingen
solang bis ich noch atme.
Bleib, lieber Tag.

# Wonnemonat Mai

## Mailied

Wie herrlich leuchtet
Mir die Natur!
Wie glänzt die Sonne!
Wie lacht die Flur!

Es dringen Blüten
Aus jedem Zweig
Und tausend Stimmen
Aus dem Gesträuch

Und Freud und Wonne
Aus jeder Brust.
O Erd, o Sonne!
O Glück, o Lust!

O Lieb, o Liebe!
So golden schön,
Wie Morgenwolken
Auf jenen Höhn!

Du segnest herrlich
Das frische Feld,
Im Blütendampfe
Die volle Welt.

66 O Mädchen, Mädchen,
Wie lieb ich dich!
Wie blickt dein Auge!
Wie liebst du mich!

So liebt die Lerche
Gesang und Luft,
Und Morgenblumen
Den Himmelsduft,

Wie ich dich liebe
Mit warmem Blut,
Die du mir Jugend
Und Freud und Mut

Zu neuen Liedern
Und Tänzen gibst.
Sei ewig glücklich,
Wie du mich liebst!

## Mai

In allen Gärten blüht der Mai,
Die Sonne steht in seinem Solde,
Der Himmel, blau und wolkenfrei,
Ist ganz durchwirkt von ihrem Golde.

Die alten Häuser in der Stadt
Lächeln mit blinkenden Fassaden,
Und seine weiße Plache hat
Der allerkleinste Krämerladen.

Und in den Straßen bunter Schwarm
In leichten, lichten Frühlingstrachten,
Die ganze Welt geht Arm in Arm
Und will vor lauter Lust verschmachten.

Die Mädchen tragen frei den Hals
Bis zu den Brüstlein unterm Mieder,
Sogar die Pfützen allenfalls
Spiegeln den blauen Himmel wider …

Was tatst denn du die lange Frist,
Mensch mit den bleichen Wangen,
Der du verschneit gewesen bist,
Was tatst du denn die lange Frist,
Um diesen Frühling zu empfangen?

## Der Mai

Der Nachtigall reizende Lieder
Ertönen und locken schon wieder
Die fröhlichsten Stunden ins Jahr.
Nun singet die steigende Lerche,
Nun klappern die reisenden Störche,
Nun schwatzet der gaukelnde Star.

Wie munter sind Schäfer und Herde!
Wie lieblich beblümt sich die Erde!
Wie lebhaft ist itzo die Welt!
Die Tauben verdoppeln die Küsse,
Der Entrich besuchet die Flüsse,
Der lustige Sperling sein Feld.

Wie gleichet doch Zephyr der Floren!
Sie haben sich weislich erkoren,
Sie wählen den Wechsel zur Pflicht.
Er flattert um Sprossen und Garben;
Sie liebet unzählige Farben;
Und Eifersucht trennet sie nicht.

Nun heben sich Binsen und Keime,
Nun kleiden die Blätter die Bäume,
Nun schwindet des Winters Gestalt;
Nun rauschen lebendige Quellen
Und tränken mit spielenden Wellen
Die Tristen, den Anger, den Wald.

Wie buhlerisch, wie so gelinde
Erwärmen die westlichen Winde
Das Ufer, den Hügel, die Gruft!
Die jugendlich scherzende Liebe
Empfindet die Reizung der Triebe,
Empfindet die schmeichelnde Luft.

Nun stellt sich die Dorfschaft in Reihen,
Nun rufen euch eure Schalmeien,
Ihr stampfenden Tänzer! hervor.
Ihr springet auf grünender Wiese,
Der Bauerknecht hebet die Liese,
In hurtiger Wendung, empor.

Nicht fröhlicher, weidlicher, kühner
Schwang vormals der braune Sabiner
Mit männlicher Freiheit den Hut.
O reizet die Städte zum Neide,
Ihr Dörfer voll hüpfender Freude!
Was gleichet dem Land-Volk an Mut?

## Lied im Mai

Wieder sind die Knospen alle
an den Wegen aufgegangen.
Maienwind und Goldkoralle
in den Fliederbüschen hangen.

Wie ist, ach, der Himmel mir?
Silbertraum und blauer Hauch
trocknet alle Tränen dir.
Trocknet wohl die meinen auch.

## Albumblatt

Sommer durch die Lauben glüht,
Frühling zog vorbei –
Sing mir noch ein kleines Lied –
Kleines Lied vom Mai.
Wasser plätschern – trinken sacht
Meiner Armut Bild;
Einst ach hat die Frühlingsnacht
Mich in Samt gehüllt.
Sommer durch die Lauben glüht,
Frühling zog vorbei …
Sing mir noch ein kleines Lied –
Kleines Lied vom Mai

## Mailied der Kinder

Am ersten Mai
Gehn Vater und Mutter in einer Reih
Kämpfen für ein beßres Leben.
Fron und Armut darf's nicht geben:
Da sind wir auch dabei.
  Grün sind die Zweige
  Die Fahne ist rot.
  Nur der Feige
  Duldet Not.

's ist Monat Mai.
Im Acker die Hälmchen stehn Reih an Reih.
Gute Ernte – gutes Leben!
Lasset uns die Hand drauf geben
Daß es die unsre sei.
  Grün sind die Fluren
  Die Fahne ist rot.
  Unser die Arbeit
  Unser das Brot!

## Laubenfest

Schon hängen die Lampions wie bunte Trauben
An langen Schnüren über kleinen Beeten,
Den grünen Zäunen, und von den Staketen
Der hohen Bohnen leuchtend in die Lauben.

Gesumm von Stimmen auf den schmalen Wegen.
Musik von Trommeln und von Blechtrompeten.
Es steigen auf die ersten der Raketen,
Und platzen oben in den Silberregen.

Um einen Maibaum dreht sich Paar um Paar
Zu eines Geigers hölzernem Gestreich,
Um den mit Ehrfurcht steht die Kinderschar.

Im blauen Abend steht Gewölke weit,
Delphinen mit den rosa Flossen gleich,
Die schlafen in der Meere Einsamkeit.

## Mai II

Mit Maiglöckchen
läutet das junge Jahr
seinen Duft

Der Flieder erwacht
aus Liebe zur Sonne
Bäume erfinden wieder ihr Laub
und führen Gespräche

Wolken umarmen die Erde
mit silbernem Wasser
da wächst alles besser

Schön ists im Heu zu träumen
dem Glück der Vögel zu lauschen

Es ist Zeit sich zu freuen
an atmenden Farben
zu trauen dem blühenden Wunder

Ja es ist Zeit
sich zu öffnen
allen ein Freund zu sein
das Leben zu rühmen

Alles kommt anders
wenn der Wind
weiß wird
das Luftgespinst
sich verdichtet

Im Schneegestöber
Gestalten ohne Gesicht
zweidimensional

Dem frierenden Maikind
fallen die Schlüsselblumen
aus der Hand

Es stiehlt sich
verschämt ins Haus
wo im wuchtigen Kachelofen
Brandrosen blühn

Der Apostel Himmelschlüssel,
das Prophetlein Männertreue,
beide rieten mir zu flüchten
unters Dach der Sterbestunde,
noch bevor die Bocksbartsterne
in die Wiesen niederkämen.
Doch ich hoffte voller Gleichmut
auf die braunen Teufelsschirme,
auf die roten Klebe-Nelken
und den blauen Hosenknopf.
Alle hatten mir geholfen
oft durch arge Maizeit kommen
ohne Hirn- und Herz-Erweichung
und nie ganz und gar verrückt.
Doch da kam der Südwindregen,
spannte ab die Teufelsschirme,
leckte ab die Klebe-Nelken,
bleichte aus den Hosenknopf
und entmächtigte so tückisch
alle meine Notzeit-Helfer.
Hätt ich jetzt den Himmelschlüssel,
hätt ich jetzt die Männertreue!
O wie würde ich gehorchen
und mit beiden überwillig

in die Sterbestunde flüchten
weg aus dieser ganz verrückten
Maizeit voll Vergiß-Dein-Nicht.

Ich hab in mich gesogen
Den Frühling treu und lieb,
Daß er, der Welt entflogen,
Hier in der Brust mir blieb.

Hier sind die blauen Lüfte,
Hier sind die grünen Aun,
Die Blumen hier, die Düfte,
Der blühnde Rosenzaun.

Und hier am Busen lehnet
Mit süßem Liebesach
Die Liebste, die sich sehnet
Den Frühlingswonnen nach.

Sie lehnt sich an, zu lauschen,
Und hört in stiller Lust
Die Frühlingsströme rauschen
In ihres Dichters Brust.

Da quellen auf die Lieder
Und strömen über sie
Den vollen Frühling nieder,
Den mir der Gott verlieh.

Und wie sie, davon trunken,
Umblicket rings im Raum,
Blüht auch von ihren Funken
Die Welt, ein Frühlingstraum.

## Maienregen

Du hast deine warme Seele
Um mein verwittertes Herz geschlungen,
Und all seine dunklen Töne
Sind wie ferne Donner verklungen.

Aber es kann nicht mehr jauchzen
Mit seiner wilden Wunde,
Und wunschlos in deinem Arme
Liegt mein Mund auf deinem Munde.

Und ich höre dich leise weinen,
Und es ist – die Nacht bewegt sich kaum –
Als fiele ein Maienregen
Auf meinen greisen Traum.

# Tulpen

Für Mady

Wenn das blaue Maigewitter droht
Rauscht des Windes Klageruf im Tann
Durch die Beete geht der Tulpentod
Rührt die eine um die andre an.

Schöne Tulpen rot und flammenbunt
Schwarzgefleckte von der fremden Art
Die ihr länger als der junge Mond
Knospengleich auf schlankem Stiel verharrt:

Nicht vom Blitze werdet ihr gestreift
Nicht vom blanken Sensenhiebe wund
Nur, es ist ein Tag herangereift
Da ihr euch enthüllet bis zum Grund

Und begierig den Mänaden gleich
Die des Reigens wilder Rausch berückt
Blütenblatt um Blütenblatt verzweigt
Und das stolze Haupt zur Erde bückt – –

Bis ihr also wild hinüber geht
Sonne, Mond und Sternen aufgetan
Blatt um Blatt verstreuend auf dem Beet –
Rings indessen hebt der Sommer an.

## Die Mainacht

Wann der silberne Mond durch die Gesträuche blinkt,
Und sein schlummerndes Licht über den Rasen streut,
Und die Nachtigall flötet,
Wandl ich traurig von Busch zu Busch,

Selig preis ich dich dann, flötende Nachtigall,
Weil dein Weibchen mit dir wohnet in Einem Nest,
Ihrem singenden Gatten
Tausend trauliche Küsse gibt.

Überhüllet von Laub, girret ein Taubenpaar
Sein Entzücken mir vor; aber ich wende mich,
Suche dunklere Schatten,
Und die einsame Träne rinnt.

Wann, o lächelndes Bild, welches wie Morgenrot
Durch die Seele mir strahlt, find ich auf Erden dich?
Und die einsame Träne
Bebt mir heißer die Wang herab.

## der frühling wird kommen

der frühling wird kommen
der frühling kommt
der frühling kam
der frühling war gekommen

der sommer wird bleiben
der sommer bleibt
der sommer blieb
der sommer war geblieben

der herbst wird gehen
der herbst geht
der herbst ging
der herbst war gegangen

der winter wird beginnen
der winter beginnt
der winter begann
der winter hatte begonnen

der frühling wird kommen
der sommer wird bleiben
der herbst wird gehen
der winter wird beginnen

der frühling kommt
der sommer bleibt
der herbst geht
der winter beginnt

der frühling kam
der sommer blieb
der herbst ging
der winter begann

der frühling war gekommen
der sommer war geblieben
der herbst war gegangen
der winter hatte begonnen

CHRISTIAN MORGENSTERN

## Wie sich das Galgenkind die Monatsnamen merkt

Jaguar
Zebra
**Nerz**
**Mandrill**
**Maikäfer**
Ponny
Muli
Auerochs
Wespenbär
Locktauber
Robbenbär
Zehenbär.

## Verzeichnis der Autoren, Gedichte und Druckvorlagen 

ILSE AICHINGER (1921–2016)

**61** Tagsüber

I. A.: Werke. Taschenbuchausgabe in acht Bänden. Hrsg. von Richard Reichensperger. Bd. 8: Verschenkter Rat. Gedichte. Frankfurt a. M.: Fischer Taschenbuch Verlag, 1991. S. 91. – © 1978 S. Fischer Verlag GmbH, Frankfurt am Main.

H[ANS] C[ARL] ARTMANN (1921–2000)

**42** man sägt

H. C. A.: Achtundachtzig ausgewählte Gedichte. Hrsg. von Jochen Jung. Salzburg/Wien: Residenz Verlag, 1996. S. 19. – © Rosa Artmann, Wien.

ROSE AUSLÄNDER (d. i. Rosalie Beatrice Scherzer; 1901–1988)

**74** (1) Mai II

**75** (2) Maiwinter

(1) R. A.: Gesammelte Werke in sieben Bänden. Hrsg. von Helmut Braun. [Bd. 6:] Wieder ein Tag aus Glut und Wind. Gedichte 1980–1982. Frankfurt a. M.: S. Fischer, 1986. S. 341. – © 1986 S. Fischer Verlag GmbH, Frankfurt am Main.

(2) R. A.: Gesammelte Werke in sieben Bänden. Hrsg. von Helmut Braun. [Bd. 5:] Ich höre das Herz des Oleanders. Gedichte 1977–1979. Frankfurt a. M.: S. Fischer, 1984. S. 299. – © 1984 S. Fischer Verlag GmbH, Frankfurt am Main.

INGEBORG BACHMANN (1926–1973)

**46** Sterne im März

I. B.: Werke. Hrsg. von Christine Koschel, Inge von

Weidenbaum und Clemens Münster. Bd. 1: Gedichte. Hörspiele. Libretti. Übersetzungen. München: Piper, 1978. S. 38. – © 1978 Piper Verlag GmbH, München.

JÜRGEN BECKER (geb. 1932)
**44** Der März in der Luft des Hochhauses
J. B.: Gedichte. 1965–1980. Frankfurt a. M.: Suhrkamp, 1981. S. 141. – © 1981 Suhrkamp Verlag, Frankfurt am Main.

GOTTFRIED BENN (1886–1956)
**20** März. Brief nach Meran
G. B.: Sämtliche Gedichte. Stuttgart: Klett-Cotta, 1998. S. 274. – © 1998 J. G. Cotta'sche Buchhandlung Nachfolger GmbH, Stuttgart.

BERTOLT BRECHT (1898–1956)
**41** (1) Über das Frühjahr
**72** (2) Mailied der Kinder
(1) B. B.: Werke. Große kommentierte Berliner und Frankfurter Ausgabe. Hrsg. von Werner Hecht, Jan Knopf, Werner Mittenzwei, Klaus-Detlef Müller. Bd. 14: Gedichte 4: Gedichte und Gedichtfragmente 1928–1939. Frankfurt a. M.: Suhrkamp, 1993. S. 7. – © Bertolt-Brecht-Erben / Suhrkamp Verlag 1993.
(2) B. B.: Werke. Große kommentierte Berliner und Frankfurter Ausgabe. Hrsg. von Werner Hecht, Jan Knopf, Werner Mittenzwei, Klaus-Detlef Müller. Bd. 12: Gedichte 2: Sammlungen 1938–1956. Frankfurt a. M.: Suhrkamp, 1988. S. 292 f. – © Bertolt-Brecht-Erben / Suhrkamp Verlag 1988.

GEORG BRITTING (1891–1964)

**50** Der wilde April

G. B.: Gedichte 1940–1964. Hrsg. von Ingeborg Schuldt-Britting. München/Leipzig: List, 1996. S. 148. – © Georg-Britting-Stiftung, Höhenmoos.

PAUL CELAN (d. i. Paul Antschel, 1920–1970)

**27** Bergfrühling

P. C.: Die Gedichte. Komm. Gesamtausgabe in einem Band. Hrsg. und komm. von Barbara Wiedemann. Frankfurt a. M.: Suhrkamp, 2003. – © 2003 Suhrkamp Verlag, Frankfurt am Main.

ADELBERT VON CHAMISSO (d. i. Louis Charles Adelaide de Chamisso de Boncourt, 1781–1838)

**51** Frühling und Herbst

A. v. Ch.: Sämtliche Werke in zwei Bänden. Hrsg. von Werner Feudel und Christel Laufer. Bd. 1: Gedichte. Dramatisches. München/Wien: Hanser, 1982. S. 58.

HANNS CIBULKA (1920–2004)

**24** Frühling 1966

H. C.: Losgesprochen. Gedichte aus drei Jahrzehnten. Leipzig: Reclam, 1989. S. 24. – Mit Genehmigung von Christa Cibulka, Gotha.

HILDE DOMIN (1909–2006)

**47** Der Frühling ein riesiger Specht

H. D.: Gesammelte Gedichte. Frankfurt a. M.: S. Fischer, 1987. S. 88. – © 1987 S. Fischer Verlag GmbH, Frankfurt am Main.

 JOSEPH VON EICHENDORFF (1788–1857)

**35** Frische Fahrt

J. v. E.: Gedichte. Hrsg. von Peter Horst Neumann in Zsarb. mit Andreas Lorenczuk. Stuttgart: Reclam, 1997. (Universal-Bibliothek. 7925.) S. 13.

HANS MAGNUS ENZENSBERGER (geb. 1929)

**25** kirschgarten im schnee

H. M. E.: Blindenschrift. Frankfurt a. M.: Suhrkamp, 1964. S. 86 f. – © 1964 Suhrkamp Verlag, Frankfurt am Main.

ROBERT GERNHARDT (1937–2006)

**56** Osterballade

R. G.: Gesammelte Gedichte 1954–2006. Frankfurt a. M.: S. Fischer, 2008. – © 2008 S. Fischer Verlag GmbH, Frankfurt am Main.

JOHANN WOLFGANG GOETHE (1749–1832)

**28** (1) Osterspaziergang

**65** (2) Mailied

(1) J. W. G.: Faust-Dichtungen. Hrsg. von Ulrich Gaier. Bd. 1. Stuttgart: Reclam, 1999. S. 50 f.

(2) J. W. G.: Gedichte. Ausw. und Einleitung von Stefan Zweig. Stuttgart: Reclam, 1967 [u. ö.]. (Universal-Bibliothek. 6782.) S. 18 f.

YVAN GOLL (d. i. Isaac Lang, 1891–1950)

**54** Frühling

Y. G.: Die Lyrik. Hrsg. von Barbara Glauert-Hesse. Berlin: Argon Verlag, 1996. – © Wallstein Verlag, Göttingen.

EUGEN GOMRINGER (geb. 1925)

**11** (1) es – immer wieder gelingt es

**84** (2) der frühling wird kommen

E. G.: vom rand nach innen. die konstellationen 1951–1995. Wien: Edition Splitter, 1995. S. 380 (1) und 109 f. (2). – 

FRIEDRICH VON HAGEDORN (1708–1754)

**68** Der Mai

Die vier Jahreszeiten. Gedichte. Hrsg. von Eckart Kleßmann. Stuttgart: Reclam, 1991. S. 82.

ULLA HAHN (geb. 1946)

**45** Im Märzen

U. H.: Herz über Kopf. Gedichte. Stuttgart: Deutsche Verlags-Anstalt, 1981 [u. ö.]. S. 36. – 

JAKOB HARINGER (d. i. Johann Franz Albert, 1898–1948)

**71** Albumblatt

J. H.: Aber des Herzens verbrannte Mühle tröstet ein Vers. Ausgewählte Lyrik, Prosa und Briefe. Hrsg. von Hildemar Holl. Mit einem Nachw. von Wulf Kirsten. Salzburg/Wien: Residenz Verlag, 1988. S. 69. – Mit Genehmigung des Salzburger Literaturarchivs, Salzburg.

MAX HERRMANN-NEISSE (d. i. Max Herrmann, 1886–1941)

**58** Die Eisheiligen

M. H.-N.: Um uns die Fremde. Gedichte 2. Frankfurt a. M.: Zweitausendeins, 1986. S. 362.

HERMANN HESSE (1877–1962)

**21** Märzsonne

H. H.: Sämtliche Werke in 20 Bänden. Hrsg. von Volker Michels. Bd. 10: Die Gedichte. Frankfurt a. M., 2002. S. 381. – © 2002 Suhrkamp Verlag, Frankfurt am Main.

GEORG HEYM (1887–1912)

**73** Laubenfest

G. H.: Dichtungen. Ausw. und Nachw. von Walter Schmähling. Stuttgart: Reclam, 1964 [u. ö.]. (Universal-Bibliothek. 8903.) S. 4 f.

LUDWIG CHRISTOPH HEINRICH HÖLTY (1748–1776)

**83** Die Mainacht

Die vier Jahreszeiten. Gedichte. Hrsg. von Eckart Kleßmann. Stuttgart: Reclam, 1991. S. 87.

HUGO VON HOFMANNSTHAL (1874–1929)

**17** Vorfrühling

H. v. H.: Gedichte. Hrsg. von Mathias Mayer. Stuttgart: Reclam, 2000. (Universal-Bibliothek. 18036.) S. 9 f.

ERNST JANDL (1925–2000)

**43** frühlingsbeginn

E. J.: Werke in 6 Bänden (Neuausgabe). Hrsg. von Klaus Siblewski. Bd. 3. München: Luchterhand Literaturverlag, 2016. S. 79. – © 2016 Luchterhand Literaturverlag, München, in der Verlagsgruppe Random House GmbH.

MASCHA KALÉKO (1912–1975)

**55** Nennen wir es »Frühlingslied«

M. K.: In meinen Träumen läutet es Sturm. Gedichte und Epigramme aus dem Nachlaß. Hrsg. von Gisela Zoch-

Westphal. München: Deutscher Taschenbuch Verlag, 1977 [u. ö.]. S. 69. – © 1977 Deutscher Taschenbuch Verlag, München. 

MARIE LUISE KASCHNITZ (1901–1974)
**81** Tulpen
M. L. Kaschnitz: Überallnie. Ausgewählte Gedichte 1928–1965. Hamburg: Claassen, 1965. S. 10. – © 1965 Claassen Verlag in der Ullstein Buchverlage GmbH, Berlin.

ELISABETH LANGGÄSSER (1899–1950)
**52** Vorfrühling
E. L.: Werke. Bd. 4: Gedichte. Hamburg: Claassen, 1959. S. 154 f. – © 1959 Claassen Verlag in der Ullstein Buchverlage GmbH, Berlin.

ELSE LASKER-SCHÜLER (1869–1945)
**15** (1) Im Anfang
**80** (2) Maienregen
E. L.-Sch.: Die Gedichte. Stuttgart: Reclam, 2016. S. 57 (1) und 73 (2).

CHRISTINE LAVANT (1915–1973)
**76** Der Apostel Himmelschlüssel
Ch. L.: Zu Lebzeiten veröffentlichte Gedichte. Hrsg. und mit einem Nachw. von Doris Moser / Fabian Hafner. Göttingen: Wallstein, 2014. S. 471. – © 2014 Wallstein Verlag, Göttingen.

NIKOLAUS LENAU (d. i. Nikolaus Franz Niembsch Edler von Strehlenau, 1802–1850)
**33** Frühling
Lenaus Werke in einem Band. Ausgew. von Walter Dietze.

Eingel. von Reiner Schlichting. Textrev. und Anm. von Heinz Arnold. Berlin/Weimar: Aufbau-Verlag, 1981. S. 197.

DETLEV VON LILIENCRON (1844–1909)
**22** Märztag
D. v. L.: Gedichte. Hrsg. von Günter Heintz. Stuttgart: Reclam, 1981 [u. ö.]. (Universal-Bibliothek. 7694.) S. 109.

PAULA LUDWIG (1900–1974)
**49** Im Frühling
P. L.: Gedichte. Gesamtausgabe. Ebenhausen b. München: Verlag C. H. Beck, vormals Langwiesche-Brandt, 1986. S. 207.

SELMA MEERBAUM-EISINGER (1924–1942)
**19** Frühling
S. M.-E.: Blütenlese. Gedichte. Stuttgart: Reclam, 2013. (Universal-Bibliothek. 19059.) S. 27.

EDUARD MÖRIKE (1804–1875)
**37** Er ists
E. M.: Gedichte. Ausw. und Nachw. von Bernhard Zeller. Stuttgart: Reclam, 1977 [u. ö.]. (Universal-Bibliothek. 7661.) S. 15.

CHRISTIAN MORGENSTERN (1871–1914)
**86** Wie sich das Galgenkind die Monatsnamen merkt
Ch. M.: Alle Galgenlieder. Galgenlieder. Palmström. Palma Kunkel. Der Gingganz. Nachw. von Jürgen Walter. Stuttgart: Reclam, 1989 [u. ö.]. S. 91.

JOHANN ANTON FRIEDRICH REIL (1773–1843) 

**30** Das Lied im Grünen
Texte deutscher Lieder. Ein Handbuch. Hrsg. und eingel. von Dietrich Fischer-Dieskau. München: Deutscher Taschenbuch Verlag, 1968 [u. ö.]. S. 86 f.

RAINER MARIA RILKE (1875–1926)

**23** Wenns Frühling wird
R. M. R.: Sämtliche Werke. Hrsg. vom Rilke-Archiv. In Verb. mit Ruth Sieber-Rilke bes. durch Ernst Zinn. Bd. 1. Wiesbaden: Insel Verlag, 1955. S. 33.

FRIEDRICH RÜCKERT (1788–1866)

**78** Ich hab in mich gesogen
F. R.: Gedichte. Hrsg. von Walter Schmitz. Stuttgart: Reclam, 1998 [u. ö.]. (Universal-Bibliothek. 3672.) S. 111.

ERNST STADLER (1883–1914)

**16** Vorfrühling
E. St.: Der Aufbruch und ausgewählte Gedichte. Ausw. und Nachw. von Ernst Rölleke. Stuttgart: Reclam, 1967 [u. ö.]. (Universal-Bibliothek. 8528.) S. 15.

JESSE THOOR (d. i. Peter Karl Höfler, 1905–1952)

**70** Lied im Mai
J. Th.: Das Werk. Sonette. Lieder. Erzählungen. Eingel. und hrsg. von Michael Hamburger. Frankfurt a. M.: Europäische Verlagsanstalt, 1965. S. 121. – 

GEORG TRAKL (1887–1914)

**48** Ein Frühlingsabend

G. T.: Dichtungen und Briefe. Historisch-kritische Ausgabe. Hrsg. von Walther Killy und Hans Szklenar. 2., erg. Aufl. Bd. 1. Salzburg: Müller, 1987. S. 180.

LUDWIG UHLAND (1787–1862)

**36** Frühlingsglaube

L. U.: Gedichte. Ausw. und Nachw. von Peter von Matt. Stuttgart: Reclam, 1974 [u. ö.]. (Universal-Bibliothek. 3021.) S. 49.

ANTON WILDGANS (1881–1932)

**67** Mai

A. W.: Gedichte. Musik der Kindheit. Kirbisch. Hrsg. von Gottfried Wildgans. Wien: Kremayr & Scheriau, 1976 [u. ö.]. S. 33. – Copyright by Langen Müller Verlag in der
F. A. Herbig Verlagsbuchhandlung GmbH, München.

CARL ZUCKMAYER (1896–1977)

**59** Die drei Eisheiligen

C. Z.: Abschied und Wiederkehr. Gedichte 1917–1976. Frankfurt a. M.: Fischer Taschenbuch Verlag, 1997. (Gesammelte Werke in Einzelbänden. Hrsg. von Knut Beck und Maria Guttenbrunner-Zuckmayer.) S. 68 f. – © 1977
S. Fischer Verlag GmbH, Frankfurt am Main.